Copyright © 2018 by Rachel Beckles. All rights reserved. This book or any portion thereof may not be reproduced or used in any manner whatsoever without the express written permission of the author.

Brandon adored building with all kinds of bricks and played with them every single day.

Nea Brandon ɛpɛ a, nesɛ wɔde nagodeɛ ɛyɔ ɛneɛma ahodoɔ, ɛno nti na dabiara wɔde nagodeɛ no ɛdi agorɔ.

He named his tiny town Bricktropolis. The more bricks he bought with his pocket money, the more his Bricktropolis grew.

Ɔ too nagorɔno din Agodikrom. Wɔ hunu sɛ agodeɛ dodoɔ a wɔ bɛtɔ no na ɛbɛma Agodikrom aatrɛ ayɛ kɛseɛ.

Brandon's Mum was not happy when she realised that his hobby had taken over his room. She couldn't even get passed his doorway.
'Brandon, clear up this mess before these brick people take over your room!'
'But Muuuuuuuuuuuuum...' Brandon whined
'No butts' said his mum 'Except yours…putting these bricks away!'

Brandon maame hunu sɛ nagodieno ɛyɛ agye ne dan no abɔso no, nani annye ho. Na wɔntumi mue ɛpono no mpo na w'akɔ ɛdan no 'mu.
"Brandon sesa w'agodeɛ no ɛfiri ɛfamhɔ ansana wɔn agye wo dan no abɔso!"
"Na maaaaaaa me me me medi agorɔnoɛ". "menpɛ sɛ mɛte wo nyiyiwa anono………sesa nenyinaa!"

Now Brandon was mad. He didn't want to put his Bricktropolis away. His models had taken him ages! He kicked down all of the houses and they fell with a

SMASH!
BASH!
CRASH!

until there was nothing left but an enormous pile of bricks on the floor.

Brandon anya abotrɛ. Na wɔnpɛ sɛ wɔ bɛ sesa agodeɛ no. Nea w'ahyehyɛ no nyinaa ɛdi mmerɛ pii! Wɔtu nenan wɔɔ adan no, na nenyina ɛbɛ hwee fam sei

SAAAAM!
YƆƆƆƆ!
SAAAAM!

Kɔsii sɛ ne nyinaa pasaaa na ɛdane agodeɛ feku bepo bɛguu ɛdan no mu.

That night, Brandon went to bed still angry with his mum. He had not tidied up the bricks like she had asked.
'When I wake up, I'm going to build my Bricktropolis all over again' Brandon said to himself. 'I like MY Bricktropolis that I build in MY room and I'm going to build it even bigger tomorrow!' he thought as he drifted off to sleep.

Saa anadwo no Brandon kɔdaa abufuo. W'ansesa agodeɛ no sɛnea ne maame kaaɛ no.
"Mesɔre a mɛsan asi Agodiekro no bio" Brandon ka kyerɛɛ neho. "Mani gye magodie kro no a mesie no nti ɔkyena m'ɛsi no kɛseɛ paa" 'wɔ'ka nyinaa na nani twanso a wɔfamu ada.

Late that night as Brandon slept, something amazing happened. Very slowly the brick people dug themselves out from the pile of bricks that covered them and stood up. They looked around them where their Bricktropolis once stood, but now there was only mess.

Anadwo no, Brandon ɛdaaɛ no awawah deɛ bi ɛsiɛ. Nkuabama no a, na ɛwɔ Agodikrom no nyinaa ɛhyɛ aseɛ nkakra nkakra sɔreɛ kɔsi sɛ afekubepɔ no so ɛteɛ. Wɔn sɔre gyinaɛ hunu sɛ babia na wɔnkro no wɔno, ɛnihɔ bio fɛkuo na abɛsi nanan.

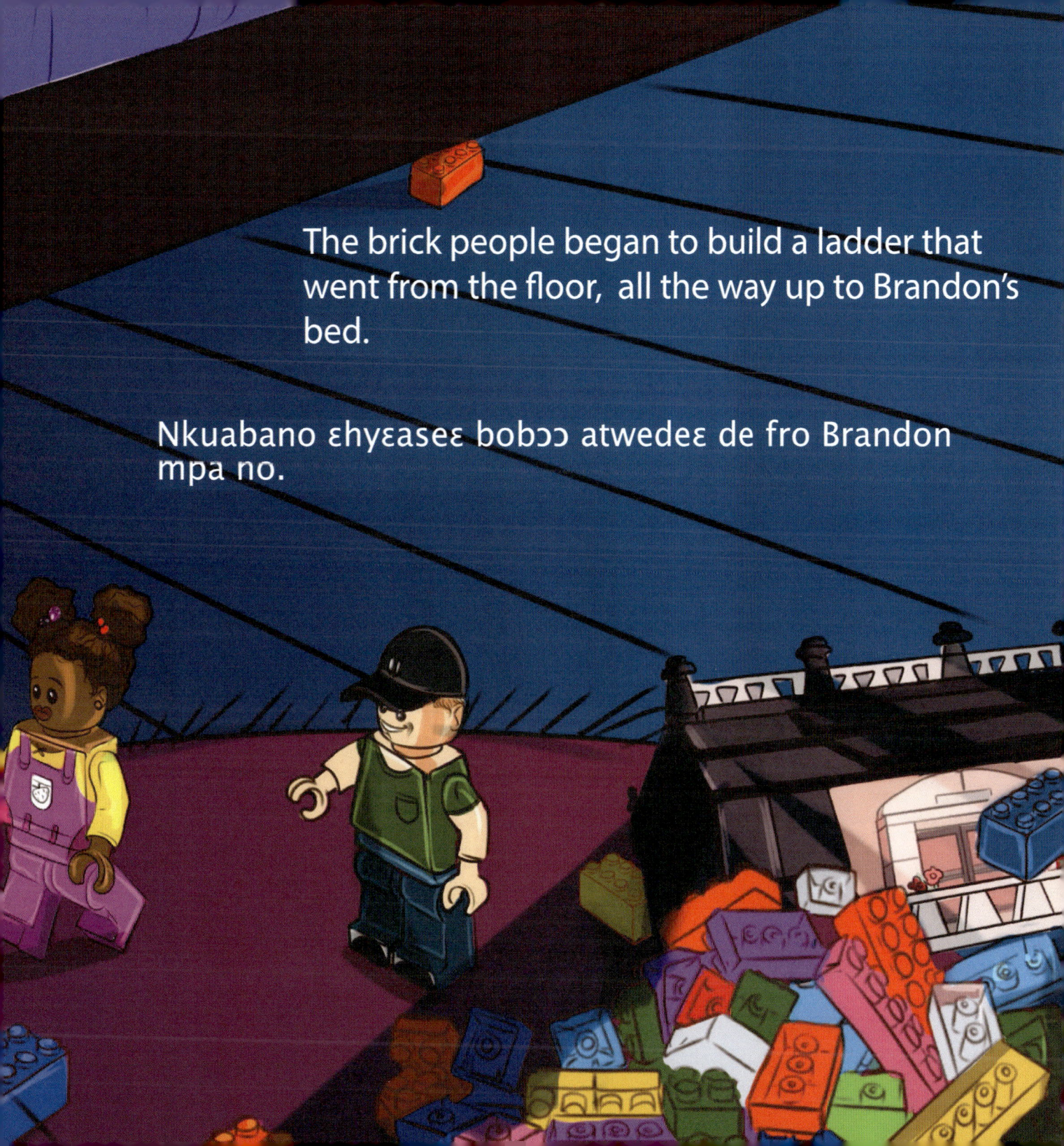

The brick people began to build a ladder that went from the floor, all the way up to Brandon's bed.

Nkuabano ɛhyɛaseɛ bobɔɔ atwedeɛ de fro Brandon mpa no.

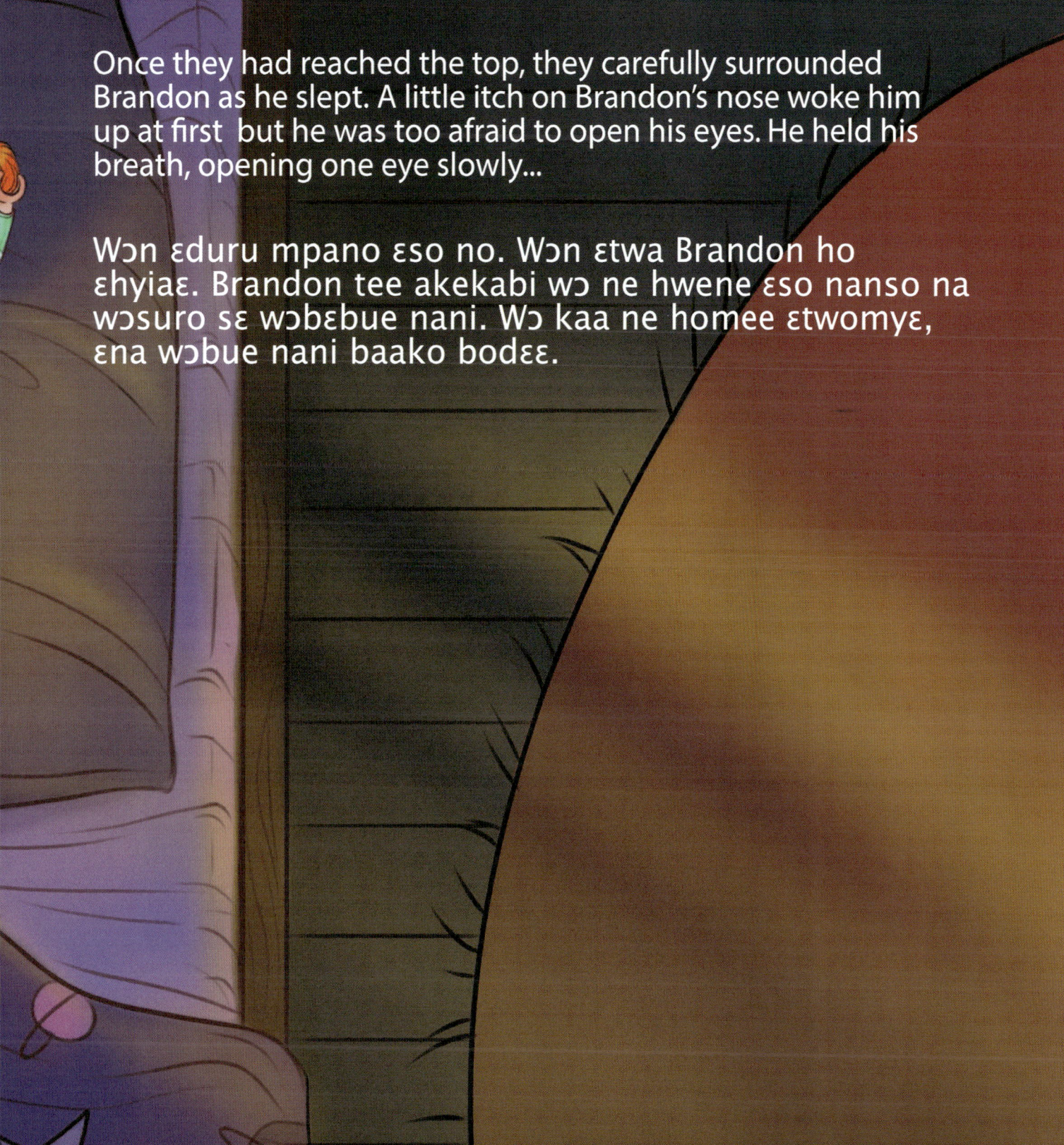

Once they had reached the top, they carefully surrounded Brandon as he slept. A little itch on Brandon's nose woke him up at first but he was too afraid to open his eyes. He held his breath, opening one eye slowly...

Wɔn ɛduru mpano ɛso no. Wɔn ɛtwa Brandon ho ɛhyiaɛ. Brandon tee akekabi wɔ ne hwene ɛso nanso na wɔsuro sɛ wɔbɛbue nani. Wɔ kaa ne homee ɛtwomyɛ, ɛna wɔbue nani baako bodɛɛ.

Suddenly there was a tiny angry face very close to Brandon's face. 'Excuse me, I am the President of the Brick people and I have come to ask you why you have knocked our Bricktopolis down!' Brandon was stunned. He couldn't move, or speak.
 'Well?' the President demanded, leaning closer to Brandon's face.
 'I…um…my…Mum said I had to put Bricktropolis away' Brandon stammered. 'But Brandon, I wouldn't call that putting it away would you? With all that smashing and bashing and crashing you seem to have made more mess than before'. Brandon felt guilty. He realised how much mess he had made earlier when he was angry. 'Since you cannot run Bricktropolis properly Brandon we have decided to take over' the President said calmly. 'WHAT!' Brandon shouted. He tried to jump out of his bed only to realise that he had been tied down with brick tape.

MPOFIRIM' na Brandon hunu sɛ animuu keteketebi amuna abɛn nanim pɛɛ.

"sebi tafarakyɛ abrantɛɛ, mene Agodikrom' 'manpanini, na masɛm bisa nesɛ, ɛdeɛn na ɛhaw' nti a wo abubu yɛn kro no?" Ɛbɔɔ Brandon hu. Afei. na munintum akye no. "Ɛdeɛn?" Ɔmanpanini no ɛpinkyɛn Brandon anim san bisaɛ bio.

"Me….me….me….maame kaasɛ memfa agodideɛno nyinaa nsie" Brandon ɛ'kasa nyinaa na nano ɛwoso. Brandon ɛnuu neho. Na wɔhunu afekuyɔ a wɔyɔɔ abufuo mu. "Brandon, ɛnam sɛ wo ntumi nhwɛ agodikrom ɛso yie nti no, yɛgye yɛn kro" Ɔmanpanini no ka guu nasomu. 'HAAH!' Brandon teamu. Wɔ bɔɔ waka sɛ anka wɔ sɔre nanso na wɔn amakyere no abɔ nempa no.

The President continued;
'As I said before Brandon, we're taking over. That means there isn't any room for you. We're going to put you in the cupboard and turn your bed into a funfair, Bricktropolis needs a funfair.'
'But…but..' stammered Brandon still trying to get out of bed 'No butts except yours - going in the cupboard!' shouted the angry little President.

Ɔmanpaninino toaso; "Brandon sɛnea mesi kaaɛ no, yɛɛgye yɛmang. Nea mekyerɛ nesɛ sɛsei woni dabrɛ. Yɛde wo bɛsie adakano ɛmu na yɛde wo mpano adane agodikro kɛseɛ." Brandon nne popoɛ "na..na….na….na.." a na wɔpre sɛ wɔbɛ pue afiri mpano so "menpɛ naa naa biara, bɛsen kɔhyɛ adakano ɛmu!" Ɔmanpaninino tea Brandon.

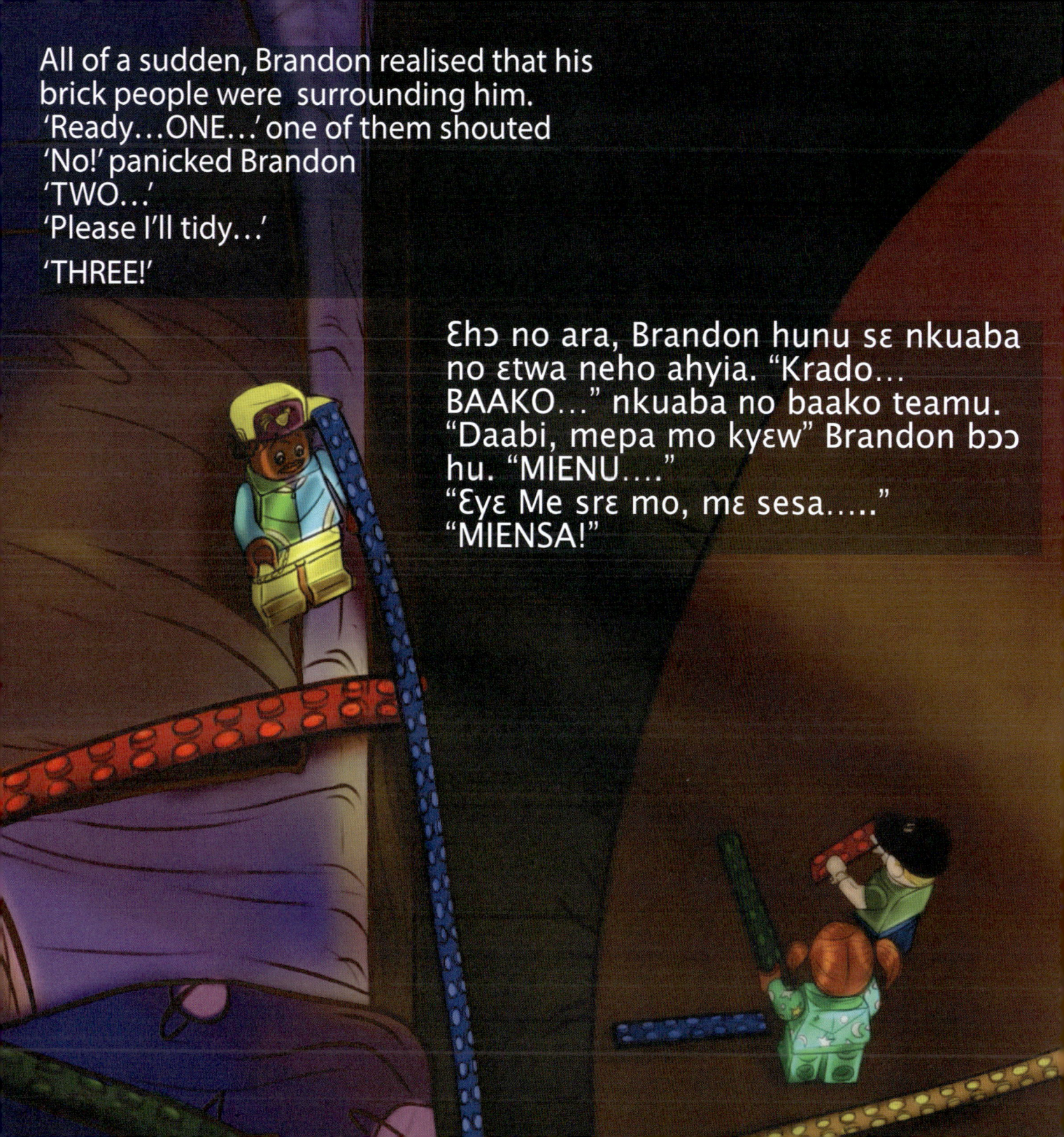

All of a sudden, Brandon realised that his brick people were surrounding him.
'Ready…ONE…' one of them shouted
'No!' panicked Brandon
'TWO…'
'Please I'll tidy…'
'THREE!'

Ɛhɔ no ara, Brandon hunu sɛ nkuaba no ɛtwa neho ahyia. "Krado… BAAKO…" nkuaba no baako teamu. "Daabi, mepa mo kyɛw" Brandon bɔɔ hu. "MIENU…."
"Ɛyɛ Me srɛ mo, mɛ sesa….."
"MIENSA!"

Brandon woke up with a jolt. At first he was frightened to move. Slowly he checked that he could move his arms and legs. Then he checked his bed for brick people. There were none. On the floor the mess that he had created earlier was still there. Brandon sighed in relief.

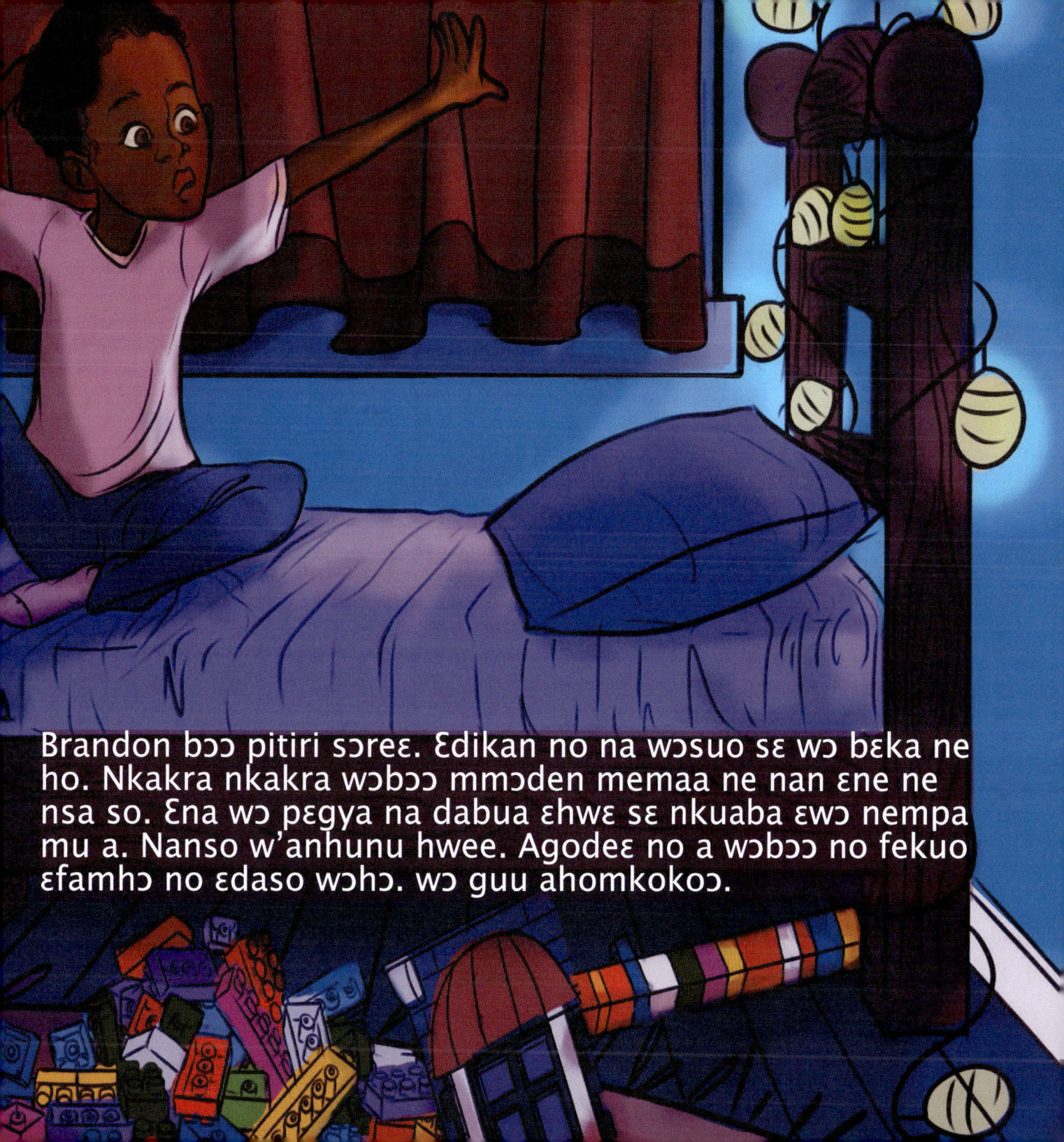

Brandon bɔɔ pitiri sɔreɛ. Ɛdikan no na wɔsuo sɛ wɔ bɛka ne ho. Nkakra nkakra wɔbɔɔ mmɔden memaa ne nan ɛne ne nsa so. Ɛna wɔ pɛgya na dabua ɛhwɛ sɛ nkuaba ɛwɔ nempa mu a. Nanso w'anhunu hwee. Agodeɛ no a wɔbɔɔ no fekuo ɛfamhɔ no ɛdaso wɔhɔ. wɔ guu ahomkokoɔ.

Brandon was not going to take any more chances upsetting the brick people or his mum. He quietly crept to the huge pile of bricks on the floor. Very carefully, Brandon built a small house for the brick people to sleep in. One by one, he gently put the brick people to bed.

Brandon bɔɔ pitiri sɔreɛ. Ɛdikan no na wɔsuo sɛ wɔ bɛka ne ho. Nkakra nkakra wɔbɔɔ mmɔden memaa ne nan ɛne ne nsa so. Ɛna wɔ pɛgya na dabua ɛhwɛ sɛ nkuaba ɛwɔ nempa mu a. Nanso w'anhunu hwee. Agodeɛ no a wɔbɔɔ no fekuo ɛfamhɔ no ɛdaso wɔhɔ. wɔ guu ahomkokoɔ.

Brandon felt a lot better. He tidied the mounds of bricks that covered his floor. Pleased with himself now that everyone would be happy, Brandon went back to bed.

Wɔwieɛ no wɔ hunu sɛ w'anya ahotɔ kɛseɛ bi. Wɔ sesa agodeɛ aka no nyinaa ɛfiri ɛfam hɔ ɛma nani gye yie ansa a na wɔ san akɔda.

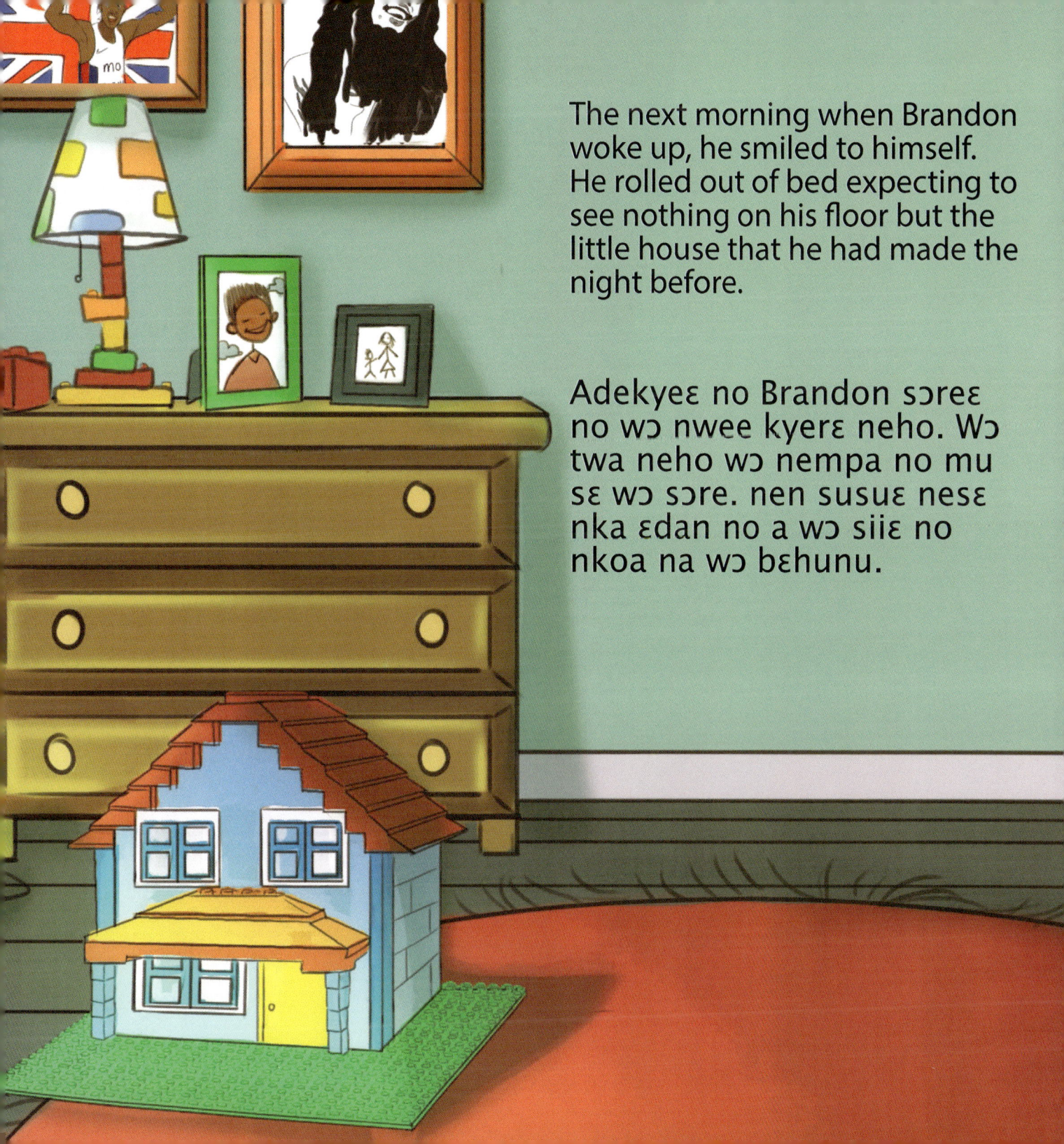

The next morning when Brandon woke up, he smiled to himself. He rolled out of bed expecting to see nothing on his floor but the little house that he had made the night before.

Adekyeɛ no Brandon sɔreɛ no wɔ nwee kyerɛ neho. Wɔ twa neho wɔ nempa no mu sɛ wɔ sɔre. nen susuɛ nesɛ nka ɛdan no a wɔ siiɛ no nkoa na wɔ bɛhunu.

But there was something more. Brandon rubbed his eyes in disbelief. Next to the little house, spelled out in bricks were the words 'Thank You'. Brandon was stunned. He looked into the little house to see all of the brick people were exactly where he had left them.

Nanso, wɔhunu adeɛbi a ɛyɛɛ no wahwah. Na wɔbi atwerɛ "Me Wo Ase" ɛwɔ ɛdan ketewa no a wɔsiiɛ no nkyɛn. Wɔ hwɛɛ ɛdan no ɛmuno, na nkuaba no nyinaa sisi babia wɔde wɔn siiɛ.

Unable to explain what had happened, Brandon neatly put away the last of the bricks.
'You're welcome' he whispered into the window of the little house, before going downstairs for breakfast.

Adeɛ a ɛsiiɛ no Brandon antumi ankyerɛ aseɛ. Wɔde agodeɛ a ɛkaɛ no nyinaa ɛsieɛ. Wɔ kaa "Yɛnni aseda" ɛgu ɛfie no mu, ansa na wɔɔsi akɔ didi.

Anansesɛm a, yɛtoɛ yi. Sɛ ɛdɛ o, sɛ ɛnyɛ dɛ o, yɛde soa nea wɔɔba

The End

(no brick people were harmed during the making of this book)

Nkuaba biara anpera y'anansesɛɛ yimu.

Printed in Great Britain
by Amazon